Paris
1904

Cheysson, Emile

L'Abri, société de secours à l'époque du terme...

Compte-rendu de l'assemblée générale tenue le 14 mars 1904... sous la présidence de M. Cheysson

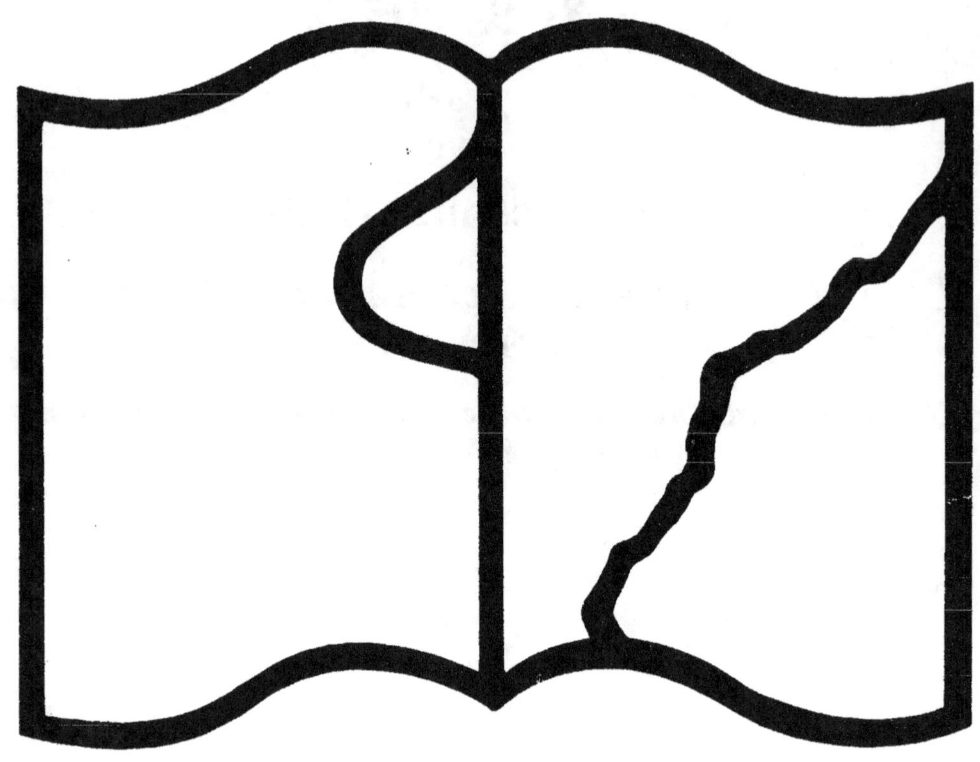

Symbole applicable
pour tout, ou partie
des documents microfilmés

Texte détérioré — reliure défectueuse

NF Z 43-120-11

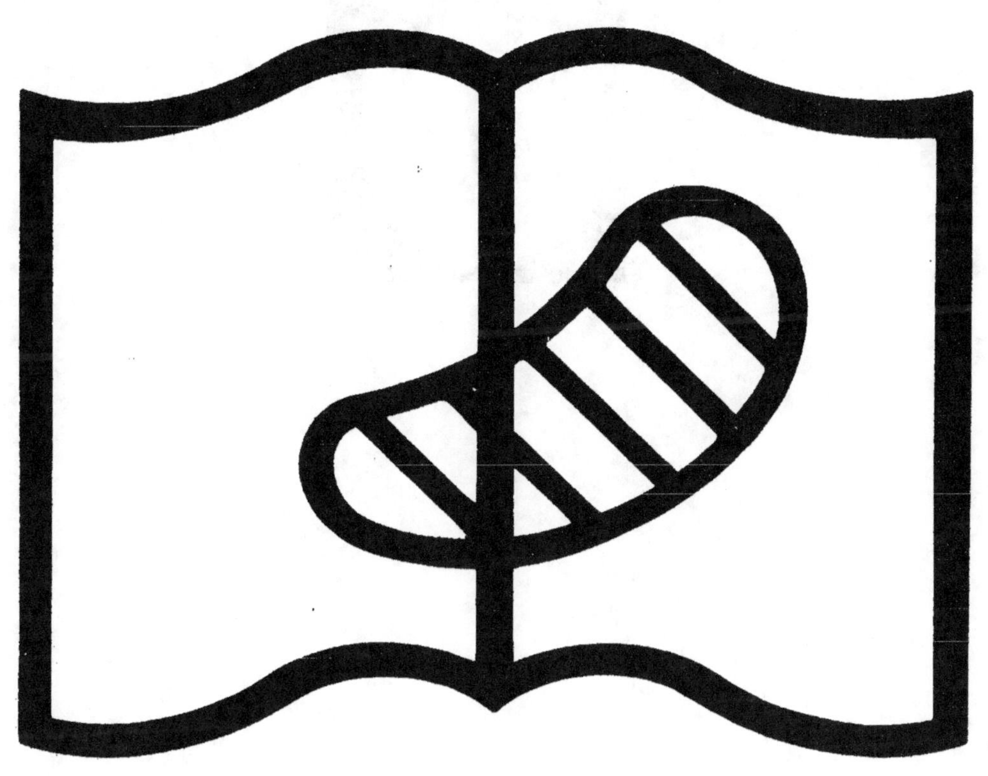

Symbole applicable
pour tout, ou partie
des documents microfilmés

Original illisible

NF Z 43-120-10

L'ABRI

Société de Secours à l'époque du Terme

LAURÉAT DE L'ACADÉMIE DES SCIENCES MORALES ET POLITIQUES

Autorisée par la Préfecture de Police le 12 Juin 1900

SIÈGE SOCIAL : 3, Quai Voltaire (Paris VIIe)

TÉLÉPHONE 725-29

COMPTE-RENDU

DE

L'Assemblée Générale

TENUE LE 14 MARS 1904

A L'ÉCOLE NORMALE SUPÉRIEURE (45, rue d'Ulm)

Sous la présidence de

M. CHEYSSON

MEMBRE DE L'INSTITUT

PARIS

Imprimerie E. PIGELET, 189-191, boulevard Voltaire

1904

L'ABRI

Société de Secours à l'Époque du Terme

LAURÉAT DE L'ACADÉMIE DES SCIENCES MORALES ET POLITIQUES

Autorisée par la Préfecture de Police le 12 Juin 1900.

SIÈGE SOCIAL : **3, Quai Voltaire (Paris VIIe)**

TÉLÉPHONE **725-29**

ORDRE DU JOUR

DE

L'Assemblée Générale

TENUE LE 14 MARS 1904

A L'ÉCOLE NORMALE SUPÉRIEURE

1º COMPTE-RENDU financier par la Trésorière.

2º COMPTE-RENDU moral par la Secrétaire.

3º ALLOCUTION de M. le Président.

4º ÉLECTIONS au Comité Directeur (2º tiers).

ASSEMBLÉE GÉNÉRALE

Du 14 Mars 1904

Monsieur CHEYSSON, membre de l'Institut, préside.

Dans l'assistance, Madame EMILE LOUBET, qui fait à l'œuvre l'honneur et le plaisir d'assister à son Assemblée générale. Monsieur le Président l'en remercie en ces termes :

Madame la Présidente,

Avant d'aborder notre ordre du jour, nous sentons tous ici le devoir de vous remercier de l'honneur que vous nous avez fait en venant assister à cette réunion. Digne compagne du chef de l'Etat, qui veut bien attacher du prix à ce titre de premier mutualiste de France, que la mutualité lui a décerné d'un élan unanime, toujours prête à accourir là où l'on souffre et à seconder les institutions qui se proposent de soulager la misère sous toutes ses formes, vous avez bien voulu apporter à l'*Abri* un témoignage de sympathie par votre présence, qui est pour lui, en même temps qu'un honneur insigne, un précieux encouragement.

Au nom de cette assistance d'élite, dont je suis l'interprète, au nom du Comité Directeur de l'*Abri* et de tous ses adhérents, au nom enfin, — et je suis sûr que cette évocation vous touchera plus que les autres, — au nom de tous ces malheureux ménages, que votre tout puissant patronage permettra de secourir en plus grand nombre et plus efficacement que par le passé, je vous présente, Madame la Présidente, avec nos respectueuses salutations, l'hommage ému de notre profonde reconnaissance.

Monsieur le Président donne ensuite la parole à Madame la Trésorière.

COMPTE RENDU FINANCIER

par Madame la Trésorière

L'éloquence d'une Trésorière est dans les chiffres qu'elle présente. Quelle que soit l'importance d'un budget, le résultat matériel est satisfaisant si les frais généraux sont réduits au minimum.

L'*Abri* est, pour ce résultat, puissamment aidé :

1° Par M. Pigelet, son adhérent et imprimeur, qui, comme cotisation, lui donne généreusement ces milliers de brochures qui vont partout conter la misère des petits termes et les efforts faits pour les soulager ;

2° Par les dames enquêteuses qui font fréquemment et gratuitement de longues enquêtes dans des quartiers presque toujours très éloignés de leurs demeures, Paris, de plus en plus, repoussant ses malheureux vers la périphérie ;

3° Par les adhérents qui, juges éclairés de notre action au courant de laquelle ils sont toujours tenus, nous donnent aussi souvent que nous leur demandons et nous font une propagande encourageante.

A tous nous exprimons notre reconnaissance.

Les chiffres les voici :

Recettes

En caisse au 1er Mars 1903	19.668	60
Cotisations	24.992	35
Dons	13.376	75
Remboursements volontaires	260	»
Transactions sur enquêtes	1.706	70
Vente de Charité	30.320	80
	90.325	**20**

Dépenses

Secours à 1.523 familles	60.104	75
Frais d'encaissements	1.641	35
Secrétariat	852	50
Divers	38	»
En caisse au 1er Mars 1904	27.688	60
	90.325	20

Les 60.104 fr. 75 de secours ont été distribués avec 2 531 fr. 85 de frais, soit 4 fr. 20 p. 0/0.

Et malgré cela, que de familles nous implorent en vain.

Des milliers de ces familles laborieuses, honnêtes, sobres, sont tous les 3 mois en proie à toutes les angoisses d'un lendemain incertain, — le terme menaçant et leur foyer et leur union.

Quelques-uns de nos adhérents, beaucoup trop peu, ont senti plus intimement ces angoisses ; et, tous les 3 mois, en payant leur loyer, ils envoient à l'*Abri* une parcelle de leur superflu : Puisse leur exemple être suivi du plus grand nombre.

Monsieur le président donne la parole à Madame la Secrétaire, pour la lecture du compte-rendu moral de l'année écoulée.

RAPPORT

DE

Madame la Secrétaire

Mesdames, Messieurs,

Avant de vous communiquer notre compte-rendu annuel, je veux d'abord, fidèle à une tradition vieille déjà de quatre années, saluer et remercier une fois de plus M. Perrot, qui nous offre à l'Ecole Normale une hospitalité si cordiale et si précieuse.

La situation de l'*Abri* est bonne ; comme tous les organismes bien constitués, notre œuvre prospère, son action s'élargit, les adhérents lui arrivent spontanément, sans sollicitations. Nous en comptions 2.060 le 29 Février, 320 de plus que l'an passé et, si nous ne pouvons nommer tous ces adhérents, nous envoyons un remerciement particulier à ceux qui ont bien voulu s'inscrire comme Membres bienfaiteurs et donateurs de l'OEuvre :

Membres Bienfaiteurs

En 1900	Mmes	LOUBET.
En 1900		CHAVANNES.
En 1901		HEILBRONN.
»		J. DE ROTHSCHILD.
»		H. PEREIRE.
»	M.	Emile DEUTSCH.
»	MM.	Gustave HERMANN.
»		Godefroy DE BLONAY.
»		MOCATTA.
»	Mmes	J. DIETZ.
»		D'AURIOL.

En 1901   Mme RUCH.
»   Mlle DEBERNARD.
»   Mmes EXPERT-BEZANÇON.
»   Alfred GOMPEL.
»   Louis BARTH.
»   Louis VERGER.
»   *La Bienfaisante Israélite.*
»   M. MORICAUD.
En 1902   Mme La Marquise ARCONATI-VISCONTI.
»   Mme MOULTON.
»   M. SULLY-PRUDHOMME.
»   Mlles DE REINACH.
»   MICHAUD.
»   M. Alph. MAYER, en souvenir du Colonel Lippmann.
»   Mmes COUTAREL.
»   HATT.
»   Henri BRUHL.
»   BOITEL.
»   M. DURAND GOSSELIN, de Nantes.
»   Mme Julie BLOCH.
»   FITZ-GÉRALD.
En 1903   *Le Crédit Lyonnais.*
»   MM. DE ROTSCHILD.
»   M. et Mme Raoul BLOCH, pour la naissance de leur fille Anny.
»   Mme GUILLON.
»   Mme FLEURQUIN.
»   *L'Assistance Publique.*
En 1904   Mme DAULNOY.
»   Mme HÉRIOT.

Membres Donateurs

En 1900   Mme SOUBIRAN.
En 1901   M. G. DESCHAMPS.
»   Mme IKLÉ.
»   *Société Paris-France.*
»   M. PIGELET.
»   Mmes ENGEL.
»   Adolphe DE ROTHSCHILD.
En 1902-1903   M. Louis HIRSCH.
»   Mme Adolphe GOMPEL.
»   MM. ROTHSCHILD frères.
En 1903-1904   M. Gustave ROY.
»   *Le Grand Cercle.*
»   M. et Mme Gustave GOMPEL à l'occasion du mariage de leur fille.
»   M. ELLISSEN en souvenir de sa femme.
»   M. Charles BLECH en souvenir de son père.
»   M. SELIGMANN en souvenir de son frère.
»   M. DUVAL ARNOULD

Les encouragements les plus précieux nous ont été prodigués.

Le Conseil Municipal nous a accordé encore une subvention de 1.000 fr. et nous espérons voir l'*Abri* maintenu chaque année au nombre des œuvres que la Ville de Paris tient à seconder et à encourager.

Cette année encore, nous avons reçu 100 fr. du Ministère de l'Intérieur.

Et dans cette maison que tant de liens attachent à à l'Institut, nous sommes heureux de signaler le prix de 2.500 fr. accordé par l'Académie des Sciences morales et politiques à l'*Abri* (pour services rendus à la population la plus nombreuse de Paris.)

La Presse entière a accueilli nos communications, parlé pour nous, demandé pour nous et, si nous ne nommons aucun journal, c'est que nos remerciements vont à tous ; ils vont aussi aux 76 dames vendeuses qui ont bien voulu vendre au profit de l'OEuvre, à la salle Hoche, les 3 et 4 février et dans ce tribut de reconnaissance, faisons une large part à Tom-Tit, l'inimitable Tom-Tit, tant aimé des enfants et des parents.

Les Comités de quartier se développent et élargissent leur action. 13 fonctionnent ; celui du 19ᵉ qui se formait l'an passé est maintenant en pleine activité et Mᵐᵉ Poulet organise un Comité dans le 6ᵉ arrondissement. Plus de 175 visiteurs ou visiteuses donnent leur temps, leurs soucis, leurs efforts, leur argent à la besogne des enquêtes sous la direction de Mesdames

Mᵐᵉˢ REINHARDT dans le 4ᵉ   arrondissement
    G. PERROT   »   5ᵐᵉ et 6ᵐᵉ   »
    DEBRIE   »   7ᵐᵉ   »
    LAGUIONIE   »   1er, 2ᵐᵉ, 3ᵐᵉ, 8ᵐᵉ, 9ᵐᵉ, 10ᵐᵉ   »
    Raoul BLOCH   »   11ᵐᵉ   »
    PANTZ   »   12ᵐᵉ   »
    CHAVANNES   »   13ᵐᵉ   »
    RAVENEAU   »   14ᵐᵉ   »
    A. GOMPEL   »   15ᵐᵉ et 16ᵐᵉ   »
    Jules SIEGFRIED jeune dans le 17ᵐᵉ   »
    Gustave ROY dans le 18ᵐᵉ   »
    DEPRET-BIXIO   »   19ᵐᵉ   »
    VERT   »   20ᵐᵉ   »

Dans chacun de ces Comités, à côté de l'œuvre propre du loyer, se sont développés des organes complémentaires. Nous recommandons plus chaleureusement, chaque année à votre bienveillante attention, le garde-meuble du 11ᵉ. Si vous avez chez vous quelqu'objet mobilier inutilisé, inutilisable, envoyez-le 137, boulevard Voltaire ; nécessité rend ingénieux, nous saurons tout employer. Ce précieux garde-meuble nous fait supporter d'un cœur plus ferme les menaces d'expulsion de propriétaires plus soucieux de leurs intérêts que d'humanité et surtout grâce à lui nous reconstituons un petit mobilier aux malheureux que nous parvenons à arracher aux hontes et aux avilissements de l'hôtel meublé.

Les séances du Comité directeur restent ouvertes à tous ceux qui veulent suivre le travail de l'œuvre, les questions les plus intéressantes y ont été posées. La Secrétaire vous a entretenu l'an passé des démarches relatives à la reconnaissance d'utilité publique, inutile de revenir sur l'intérêt de cette question, l'affaire est soumise à l'examen du Conseil d'Etat et on nous permet d'espérer une solution prochaine.

Nos rapports avec l'Assistance publique ont été définis ; dans chaque arrondissement, deux enquêteuses sont officiellement accréditées auprès du Bureau de Bienfaisance et reçoivent communication des fiches. Nous souhaiterions vivement de voir afficher à chaque terme, dans les mairies, la liste des logements bon marché qui se trouvent vacants. Les travailleurs qui ne disposent que de rares instants y gagneraient ainsi un temps précieux et ne seraient point obligés de se rabattre sur le premier logement venu. Nous ne désespérons pas, sur cette question, d'arriver avec les maires à une entente qui sera profitable à la classe ouvrière.

Les maisons insalubres posent à notre attention un autre problème qui nous préoccupe vivement : la loi sur les logements insalubres ne va pas jusqu'à contraindre les propriétaires à exécuter les transformations que l'hygiène réclame ; la seule sanction reconnue jusqu'ici se borne à une amende insignifiante que le propriétaire encourt trop volontiers. La difficulté est grave et nous ne pouvons nous flatter d'obtenir de solutions immédiates ; le concours des hommes qui, comme M. Cheysson, ont pris cette question à cœur nous laisse espérer toutefois une amélioration prochaine.

Enfin, une œuvre s'est créée cette année : « La Fédération des OEuvres », l'*Abri* y a adhéré, montrant ainsi quel désir nous avions tous de voir la charité s'organiser, passer définitivement du stage anarchique du sentiment à la pratique supérieure de l'ordre et de la méthode. C'est par le concours organisé de toutes les forces et par une division véritablement scientifique de ce travail, qu'est la bienfaisance, que nous arriverons à tenir en échec ce formidable fléau qu'est la misère, que personne n'ose se flatter encore d'anéantir.

Vous aurez, tout-à-l'heure, à procéder au renouvellement du second tiers du Comité directeur : Mesdames Fauconnet et Gueysse, que leurs occupations retiennent loin de l'*Abri*, ne se représentent pas. Mesdames G. Gompel, Laguionie et S. Lévi, sont rééligibles.

ALLOCUTION

DE

M. CHEYSSON

Membre de l'Institut

Madame la Présidente, Mesdames, Messieurs,

Mes premières paroles doivent être pour vous remercier de m'avoir fait l'honneur de présider cette séance. Je connaissais déjà l'*Abri* de réputation par les échos de la reconnaissance publique, comme aussi par la haute récompense que lui décernait, à sa dernière Assemblée générale, l'Académie des sciences morales et politiques et que rehaussait encore l'éloquent rapport de son Président, M. Bérenger. Tout ce bien qu'on disait de vous m'avait inspiré un vif désir de pénétrer plus avant dans l'intimité de votre œuvre. Vous m'en avez fourni aimablement l'occasion, que j'ai saisie avec empressement et dont je vous exprime toute ma gratitude : car cette étude, que m'imposait le devoir présidentiel, a été pour moi pleine de charmes. Elle m'a prouvé que la faveur dont jouit l'*Abri* ne doit rien à la mode ou à l'engouement d'un jour, mais qu'elle est surabondamment justifiée par l'éclat de ses services. S'il est des œuvres qu'il est prudent de ne voir que de loin et qui s'évanouissent au contact, la vôtre supporte victorieusement le plus minutieux examen et gagne à être vue de près.

Pour le proclamer bien haut, je m'applaudis de n'être pas des vôtres aujourd'hui — sauf à vous

demander à le devenir demain — parce que j'ai
de moins ainsi la liberté, sans être gêné par aucun
scrupule de discrétion ou de fausse modestie, de
vous apporter le tribut de mes sincères et chaleu-
reuses félicitations.

Et en effet, parmi tant d'œuvres que notre époque
a vu éclore et, qui plaideront avec succès sa cause
devant la postérité — il lui sera beaucoup pardonné,
parce qu'elle aura beaucoup aimé — l'*Abri* est
certainement l'une de celles qui s'adaptent le plus
heureusement aux nécessités de la vie des travailleurs, telles que l'ont faite les transformations
modernes de l'organisation du travail.

Comme tant d'autres questions, qui s'imposent
aujourd'hui à notre sollicitude, le problème du loyer
n'existait pas autrefois : car il avait spontanément
reçu la solution que, dans un accès de mauvaise
humeur goguenarde. M. Vautour conseillait à un
locataire en retard, Mesdames, un de vos clients
avant la lettre :

> Quand on n'a pas de quoi payer son terme,
> Il faut avoir une maison à soi.

Ce procédé radical et simpliste, qui rendrait l'*Abri*
inutile, était autrefois général. Au moyen-âge, toutes
les familles, même les plus pauvres, possédaient en
propre leur maison — très humble à coup sûr, —
mais enfin leur maison, et elles l'habitaient. Aujour-
d'hui encore, dans l'orient, le nord et le midi de
l'Europe, cette coutume est générale. Sur plusieurs
points de ces contrées, la jeune fille ne consentirait
pas à prendre un mari qui n'aurait pas son habitation,
si bien que le plus vif attrait de l'humanité pousse les
jeunes gens à de grands efforts de travail et d'é-
pargne pour obtenir ce résultat. Mon illustre maître,
Le Play, nous racontait un jour qu'au cours de ses
voyages en Orient, il lui avait été impossible de
découvrir et de se faire indiquer, malgré l'appât
d'une récompense, une seule famille qui n'eût pas
la propriété de son foyer.

Même dans notre pays, ces traditions sont beaucoup moins abandonnées qu'on n'est généralement

porté à le croire, quand on ne porte pas ses yeux au-delà de nos caravansérails parisiens. Vous me pardonnerez peut-être de vous infliger quelques chiffres pour dissiper cette légende. La France est tellement calomniée, — même et surtout par ses propres enfants qui, par la littérature et le théâtre la noircissent comme à plaisir, — qu'il faut saisir toutes les occasions de rétablir la vérité et de rendre à notre pays la justice à laquelle il a droit.

Nous possédons, en chiffres ronds, 9 millions de maisons et 10,700,000 ménages, ce qui correspond en moyenne à 12 ménages pour 10 maisons. Le fait général est donc l'unité de la famille, non par logement, mais par maison. Ce n'est pas tout : les trois cinquièmes de ces maisons sont habitées par leur propriétaire, qui les occupe seul.

Ainsi en France, — on ne saurait trop le redire, — presque toutes les familles habitent seules dans une maison, et la moitié d'entr'elles, dans une maison qui leur appartient. En Angleterre, ce fait est beaucoup plus rare. Les Anglais ont cependant réussi à se donner l'auréole du peuple qui connaît le mieux la douceur du chez soi, le charme intime et pénétrant du *Home*. « Or, dit M. de Foville, ce foyer, c'est le peuple anglais, peuple de locataires et de voyageurs, à qui il manque le plus, n'en déplaise à la légende, et c'est le peuple français auquel il manque le moins », M. Aynard ajoute que « les anglais parlent du *Home*, comme nous parlons de la famille française dans nos romans. Ils prennent autant de soin à se faire valoir que nous à nous dénigrer. La vérité, c'est que c'est en France qu'existe réellement le fameux *Home* anglais ».

Tel n'est pas malheureusement le spectacle que nous donnent nos grandes villes. Accrues par mille causes qu'il serait trop long d'analyser ici, draînant à leur profit les campagnes, déracinant les populations rurales, elles les ont entassées sur d'étroits espaces, où la valeur du terrain n'a plus permis d'édifier des maisonnettes pour une famille, mais a obligé à bâtir ces ruches immenses, qui ne comportent plus que le foyer instable et banal en location.

Paris, en particulier, a reçu, par voie de naissance et surtout d'émigration, entre les deux recensements de 1896 et de 1901, un afflux de 177,236 nouveaux habitants, soit annuellement la population d'une de nos villes moyennes, comme Perpignan, Pau, Douai. On pourrait se figurer cet accroissement annuel, en supposant que, tous les ans, une de ces villes se vide au profit de la capitale, devient déserte et lui envoie toute sa population, comme par un de ces exodes du passé, où des peuplades entières se déplaçaient en quête de contrées plus fertiles.

Pour loger sainement et commodément ces foules qu'attire Paris, il aurait été sage de les laisser déborder dans la banlieue par dessus la crète des fortifications. C'est encore la solution la plus raisonnable, parce que c'est là qu'on peut trouver le terrain, l'air et le soleil à plus bas prix, à condition de relier le centre au dehors par des moyens de transport puissants et économiques ; mais, jusqu'ici, — surtout par suite d'une étroitesse de vues municipales qui font du Parisien le prisonnier de l'octroi, — cette expansion n'a pas été encouragée : les foules sont restées enfermées dans la capitale. Comme elles ne peuvent s'y étaler en largeur, elles s'empilent en hauteur dans des logements superposés, comme le sont les cabines des passagers à bord des navires.

Façonnées par le changement de nos mœurs, les familles aisées s'accommodent encore de ce régime nomade ; mais il aurait profondément répugné à nos pères, accoutumés à passer leur vie dans une même maison, leur maison, qui avait vu mourir les ancêtres et naître les rejetons, et qui gardait les traditions de la famille comme un dépôt sacré, avec le souvenir des joies et des douleurs du passé, des jours sombres et des jours heureux. « Nous avons changé tout cela », suivant le mot de Sganarelle. Nous ne faisons plus que traverser de véritables hôtelleries, qui ne nous disent rien de notre passé, ne promettent rien à notre avenir, ne garderont de nous nulle mémoire, et qu'on croirait comme à plaisir disposées pour démoraliser nos serviteurs et les coaliser contre nous.

Dans nos étapes successives, nous semons au vent des carrefours les lambeaux de notre personnalité.

Mais c'est pour les ouvriers des agglomérations urbaines et en particulier pour ceux de Paris, que ce régime des locations prend un caractère déplorable, en leur infligeant de véritables souffrances autrefois inconnues, fruits empoisonnés du déracinement rural et du surpeuplement des villes.

Pour apprécier le rôle que joue le loyer dans la vie des familles ouvrières, rien ne vaut l'analyse de leur budget.

Lorsqu'on procède à cette étude, — par exemple, dans la collection des monograpihes : *Les Ouvriers Européens*, — on constate que les trois principaux chapitres des dépenses sont ceux de la nourriture, du vêtement et de l'habitation. Tels sont, dans nos climats, les besoins primordiaux de notre nature.

C'est la faim qui prime les deux autres : « Avant tout, il faut vivre. » Le savant statisticien de Berlin, le Dr Engel, a déduit de ses observations cette loi que « la proportion des dépenses de l'alimentation croît en raison inverse géométrique du bien-être ». On compte qu'elle est en moyenne de 60 0/0 environ dans un budget ouvrier, que le vêtement, l'habitation se partagent à peu près 30 0/0 par moitié, et que le reste des dépenses, soit 10 0/0, est consacré à l'éducation, à la santé, aux récréations et frais divers.

On peut donc se représenter comme ainsi réparti le travail hebdomadaire de l'ouvrier. Sur les 6 jours de la semaine, il travaille :

1 jour pour son propriétaire ;
1 jour pour le tailleur ou le magasin de confections ;
3 jours 1/2 pour l'épicier, le boucher, le boulanger ;
1/2 journée pour les autres fournisseurs.
C'est là l'image des corvées modernes.

De ces diverses corvées, celle du loyer est, non pas la plus lourde, mais la plus douloureuse, et elle doit peut-être ce triste privilège à sa plus longue périodicité. Pendant que les autres exigences sont quotidiennes, le loyer est trimestriel. Le ménage pauvre aime à se figurer que cette échéance lointaine n'arrivera jamais : en attendant, il court au plus pressé. Comment arracher aux besoins quotidiens, si impérieux, les 10 à 15 sous qui, en s'accumulant, formeraient au bout de trois mois le terme ? Comment, à supposer que ces pauvres gens aient eu le courage de commencer à serrer ce petit magot dans un tiroir, auront-ils celui de l'y laisser jusqu'au bout, en présence de toutes les tentations, de toutes les nécessités, qui viennent à chaque instant les assaillir ?

De là l'excellence de ces caisses de loyers, que vous vantait, il y a deux ans, mon éminent confrère et ami, M. Picot, et qui, recueillant, draînant pour ainsi dire les prélèvements hebdomadaires pour le loyer, les restituent au moment du terme avec une prime d'encouragement. Je me permets, après lui, d'insister sur les bienfaits de cette œuvre et sur les avantages que trouverait l'*Abri* à nouer avec elle d'étroites relations. Les Anglais, qui pratiquent le loyer hebdomadaire, s'étonnent que nos ouvriers puissent s'accommoder du loyer trimestriel, qui exige une intensité de prévoyance allant jusqu'à la vertu. Or, il ne faut pas compter sur des vertus trop difficiles et il est prudent, autant qu'humain, d'en faciliter l'exercice par des institutions semblables à la caisse des loyers.

Il arrive, hélas ! ce terme qui ne devait jamais arriver ; il arrive avec une vitesse foudroyante et il amène avec lui ce que votre manifeste a si fortement appelé : « l'heure tragique des expulsions » ! Pendant le trimestre, le père a été malade, il a chômé, il n'a pas pu accomplir ce jour de travail par semaine qu'il doit au propriétaire. On va le chasser, après lui avoir retenu ses meubles. Voilà une famille désemparée, désagrégée, qui n'a d'autre refuge que le garni, dont une enquête récente de M. Picot nous a révélé les horreurs et les dangers.

C'est alors, Mesdames, que vous apparaissez

comme des fées bienfaisantes, qui de leur nimbe lumineux dissipent les ténèbres, et de leur baguette magique guérissent les plaies qu'elles touchent. Vous consolez ces pauvres gens ; vous apitoyez leur propriétaire en lui offrant le dernier terme, et, si vous n'y parvenez pas, vous consacrez ce terme à payer un trimestre d'avance dans une nouvelle maison. La famille n'est plus jetée dans le ruisseau : grâce à vous, elle est consolée, réconfortée, réchauffée par un souffle de pitié humaine ; elle se reprend à l'espérance, à la vie ; justifiant votre beau nom, contre la tempête, vous lui avez donné « un abri ».

C'est là votre histoire de chaque jour. Depuis votre fondation, c'est-à-dire dans l'espace de quatre ans, vous avez ainsi distribué 160,000 francs de secours de loyer à 3,764 familles, avec un secours moyen de 40 à 45 francs pour chacune d'elles.

Ce qui me frappe dans les chiffres qui m'ont été communiqués, c'est d'abord la faible proportion des frais généraux, qui ne dépasse pas en moyenne 4 0/0 depuis 1900 et qui témoigne à la fois du dévouement, du désintéressement et de la gestion très avisée de toutes les personnes, qui concourent à la direction de l'œuvre : bureau, comité de direction, dames visiteuses.

Le second point, que je suis heureux de relever, c'est la progression continue dans les résultats obtenus par l'*Abri*. Toute œuvre qui ne progresse pas prouve par cela même qu'elle manque de sève et de vitalité. La vôtre, au contraire, est en pleine efflorescence : chaque année voit grandir le cercle de sa bienfaisante activité. Le nombre des familles annuellement secourues s'est élevé, par étapes ou plutôt par bonds successifs, de 168 à 886, puis à 1,207, puis enfin en 1903 à 1,528, en même temps que la recette annuelle passait de 19,000 à 70,000 fr.

Dans cette recette, je détache la part qui revient aux généreux donateurs, dont le rapport de Madame la Secrétaire contenait la liste et dont la plupart, obéissant à une pensée délicate, ont voulu associer l'*Abri* à leurs joies comme à leurs deuils.

Les résultats que je viens de rappeler doivent réjouir le cœur des adhérents de l'œuvre et de ses amis, car ils sont pleins de promesses pour les développements qu'elle doit prendre dans l'avenir.

Certes, c'est déjà beaucoup que de secourir 1,500 familles, comprenant peut-être 6 à 8,000 personnes. Un philosophe disait qu'on n'avait pas perdu sa vie, si l'on pouvait, à son lit de mort, se rendre cette justice qu'on avait séché une larme. Vous en avez beaucoup séché, Mesdames ; mais votre ambition est insatiable et à côté de tout le bien que vous avez déjà fait, vous mesurez celui qu'il vous reste à faire, non pas, certes, pour vous décourager devant l'immensité de la tâche, mais pour redoubler encore d'efforts et multiplier le nombre de vos adhérents.

Ce n'est pas seulement le nombre des familles secourues que vous avez le désir généreux d'étendre ; même pour celles que vous assistez déjà, vous sentez, en pénétrant dans leur intimité, que, tout bienfaisant qu'il soit, le secours de loyer n'est pas suffisant à lui seul pour leur fournir ce qui leur manque.

Or, ce qui leur manque, avant tout, c'est un foyer salubre, aimable, qui leur serve de nid hospitalier. On ne pourra jamais proclamer assez haut l'influence du logement sur la famille. Le contenant réagit sur le contenu. Tous les observateurs sont d'accord pour affirmer cette influence, qui ne se borne pas à des répercussions matérielles, mais qui pénètre jusque dans les profondeurs intimes de la vie physique et morale du ménage ouvrier.

S'il habite un taudis, le père le prend en horreur et court chercher des distractions malsaines au cabaret ; les enfants s'étiolent et se dégradent ; la famille est en proie à la maladie, à la tuberculose, à toutes les misères et à toutes les déchéances.

Au contraire, si le logement est salubre, sain, ensoleillé, aéré, riant, la famille est heureuse dans la paix, le bien-être et la dignité. Les anciens disaient : *Mens sana in corpore sano* (Pour avoir l'âme saine, il faut avoir le corps sain). J'arrangerai un peu cette devise et je dirai à mon tour : « Pas de famille saine dans un logis malsain ».

Or, c'est la famille qui est la véritable molécule sociale : suivant qu'elle est intacte ou entamée, c'est elle qui fait la décadence ou la prospérité des nations. Envisagée à ce point de vue, la maison n'est plus seulement un assemblage matériel de pierres et de briques ; elle participe à la grandeur morale de la famille, dont elle est la coquille et l'avéole. A ce titre, la question du logement prend une importance de premier ordre et je n'hésite pas à le dire : c'est elle qui domine la question sociale toute entière.

Malheureusement, il faut avoir le courage de l'avouer : chez nous, la situation du logement ouvrier est en général défectueuse. Celles d'entre vous, Mesdames, qui l'ont vu de près, ont certainement assisté à des spectacles qui les poursuivent comme une obsession, dont elles ne peuvent plus détacher leur pensée, et qui, suivant un mot de La Rochefoucauld, donneraient presque le remords d'être heureux.

Il y a là un danger véritable, non-seulement pour les ouvriers eux-mêmes, mais encore pour toutes les classes de la société. Et en effet, la santé publique, — celle des riches comme celle des pauvres — subit des assauts meurtriers par l'invasion des germes que les bouges répandent dans l'atmosphère et qui s'en vont, chassés par le vent, porter, jusque dans les somptueux hôtels des quartiers opulents, la contagion de la fièvre typhoïde et de la tuberculose. De même, comme l'a dit le D^r Du Mesnil, « c'est de l'héroïsme qu'il faudrait pour ne pas contracter dans ces bouges la haine de la société ». Qu'on le veuille ou non, toutes les classes sont solidaires et se pénètrent réciproquement. Tous nous pouvons être mis en péril par la double infection morale et physique qui suinte des murs du taudis. Le souci de la conservation personnelle suffirait donc, à défaut d'autre considération plus élevée, pour nous obliger à nous occuper des misères sociales, si nous voulons nous abriter nous-mêmes contre le choc en retour qui pourrait nous frapper.

Vous n'avez pas besoin, Mesdames, de cette préoccupation — et je dirais de ce calcul — pour vous dévouer à ces misères. Vous puisez dans votre cœur et dans votre générosité les inspirations humanitaires qui vous poussent à les soulager.

Je suis loin de vous engager à disperser ce dévouement dans plusieurs directions. La division du travail n'est pas moins nécessaire, en effet, dans l'ordre moral que dans l'ordre industriel. Elle assigne à chaque fonction son organe ; elle confie chaque nature de misère à un groupe distinct, qui s'en fait une spécialité, qui s'y enferme et finit par exceller dans le traitement qu'il lui applique. Mais, tout en pratiquant ces spécialisations, il est bon que ces diverses œuvres se rapprochent, s'entraident, se prêtent un mutuel appui, puisque les misères qu'elles combattent ont entr'elles de si étroites affinités.

C'est cette pensée qui a engendré toutes ces unions, ces fédérations que vous voyez surgir de toutes parts et en particulier la dernière en date, mais aussi la plus importante de toutes, l'*Alliance d'hygiène sociale*, qui, sous la présidence de M. Casimir-Périer, vient de s'affirmer avec éclat à Saint-Etienne et à Nantes, et qui fédère, en respectant leur autonomie, toutes les organisations destinées à combattre les diverses misères sociales, de manière à donner à cette lutte plus d'ordre, plus de cohésion et, partant, plus d'efficacité.

C'est dans cette même pensée que l'*Abri* peut utilement entretenir de bons rapports et un échange de services mutuels avec les œuvres de prévoyance et d'assistance, qui se proposent de remédier aux diverses crises de la famille ouvrière et en particulier à celles qui se consacrent à l'amélioration et à l'assainissement du logement.

Je sais que, pénétrés de cette nécessité, un certain nombre de ses membres ont fondé, à côté de l'*Abri*, une *Société des logements économiques*, qui fait construire une grande maison saine et hygiénique, à Belleville, dans la rue du Télégraphe. Elle compte y recevoir de préférence les familles nombreuses, que la plupart des propriétaires repoussent impitoyablement de leurs immeubles. A l'heure où les amis de leur pays s'affligent et s'inquiètent de la dépopulation, c'est là une initiative à la fois patriotique et humanitaire, dont on doit désirer l'extension et à laquelle nous souhaitons tout le succès qu'elle mérite.

Quand cette œuvre admirable étudiera ses projets d'extension, je prends la liberté de lui signaler l'exemple de miss Ottavia Hill, qui s'attaque à l'assainissement des maisons existantes, en opérant, bien entendu, parmi elles, une rigoureuse sélection, pour agir uniquement sur celles qui ne sont pas atteintes d'insalubrité constitutionnelle et qu'on peut assainir à peu de frais. Avec un capital très inférieur à celui qu'exigent des constructions neuves, on parvient ainsi à des résultats dont l'ampleur contraste avec la modicité du sacrifice financier qu'ils exigent, parce qu'en effet ce procédé demande plus encore de dévouement que de capitaux. Il y a là tout un programme d'action, dont le détail m'entraînerait trop loin et dont je me borne à signaler le principe et la fécondité (1).

Même avec des maisons neuves ou assainies, rien ne sera fait, si l'on n'a pas des ménagères pour les bien tenir : car, en mauvaises mains, ces logements sains ne tarderaient pas à devenir insalubres et infects comme les autres.

Malheureusement, dans notre pays, ces bonnes habitudes ménagères ne sont pas encore très répandues parmi les familles ouvrières, sans qu'on ait d'ailleurs le droit de le leur reprocher avec trop de sévérité. Il est donc nécessaire de faire un grand effort pour organiser dans notre pays, à l'exemple de ce qui se fait notamment en Belgique et en Suisse, un enseignement ménager, au degré primaire pour les ouvrières, et au degré secondaire pour les femmes du monde.

Il y aurait là encore une nouvelle occasion de rapprocher dans une action commune, sans s'arrêter aux divisions politiques et confessionnelles, les personnes appartenant à des catégories sociales bien

---

(1). Voir *L'assainissement des maisons existantes*, par M. E. CHAYSSON. (Bulletin de la Société des Habitations à bon marché, 1903.)

tranchées. A se voir de plus près, elles se jugeraient et s'apprécieraient mieux : chacune dans cet échange recevant plus encore qu'elle ne donne. Ce rapprochement est certainement l'un des moyens les plus efficaces de travailler, en même temps qu'au soulagement des misères provenant du logement insalubre, à l'unité morale de notre pays.

On parle beaucoup, en ce moment, de « l'action sociale de la femme ». Vous en avez trouvé la formule et l'on n'en saurait proposer de meilleure à tous ces dévouements en quête d'emploi. Peut-on, en effet, leur assigner un but plus noble et plus élevé que celui d'améliorer la situation des ménages et d'assainir les maisons insalubres, en tarissant ainsi la source des principales misères qui désolent le monde du travail ?

Pour accomplir cette œuvre, il faut ne pas se croire quitte envers elle avec une velléité d'un moment, avec une aumône et une souscription. On a besoin de s'armer de cette continuité de l'action et de cette ténacité patiente, que ne décourage pas l'obstacle et qui finissent par le surmonter. Il faut surtout ouvrir plus que sa bourse, il faut ouvrir aussi son cœur ; il faut donner plus que son argent, il faut se donner soi-même. Pour tout dire d'un mot, il faut aimer. Aimer, tout est là ! C'est en matière sociale, comme partout et toujours, le grand secret. C'est précisément le vôtre, Mesdames : c'est l'explication de votre force irrésistible, le trait d'élection qui vous marque pour l'action sociale. Là où nous agissons par la tête, vous agissez par le cœur et c'est pourquoi vous agissez bien plus sûrement et plus fortement que nous.

Armées d'un tel levier, vous êtes sûres de vaincre la haine, de faire reculer la misère et d'avoir le dernier mot. Je vous félicite de votre noble initiative, et je vous souhaite d'entraîner à votre suite toute une armée de femmes dévouées, s'inspirant de votre exemple et collaborant avec vous à cette campagne de préservation sociale et d'humanité, où sont en jeu, avec le bien-être de la famille ouvrière et le soulagement de ses misères, la paix sociale, l'unité morale et la grandeur même de notre pays.

Il est ensuite procédé au vote pour le renouvellement du second tiers du Comité Directeur. Mesdames G. Gompel, Laguionie et S. Lévi, membres sortants, sont réélues à l'unanimité.

A l'unanimité également, sont élues Mesdames Jules Siegfried jeune et Vert en remplacement de Mesdames Fauconnet et Guieysse qui ne se représentaient pas.

Monsieur le Président :

Mesdames, j'ose espérer que vous emporterez de cette séance un redoublement de zèle, tant pour vous dévouer directement à l'*Abri* que pour lui procurer de nouveaux adhérents et augmenter ainsi le rayonnement de ses bienfaits.

La séance est levée à quatre heures et demie.

L'ABRI

Société de Secours à l'époque du Terme

LAURÉAT DE L'ACADÉMIE DES SCIENCES MORALES ET POLITIQUES

Autorisée par la Préfecture de Police le 12 Juin 1900

Siège Social : 3, Quai Voltaire (Paris VIIe)

TÉLÉPHONE 725-29

COMITÉ DIRECTEUR

Mme BAILLET
92, rue Laugier

Mme Raoul BLOCH
137, boulevard Voltaire

Mme Em. BOUTROUX
5, Rond-Point Bugeaud

Mme Edouard CHAVANNES
1, rue des Écoles
Fontenay-aux-Roses (Seine)

Mme DEBRIE
20, rue de Tournon

Mme Gustave GOMPEL
3, quai Voltaire

Mme LAGUIONIE
2, rue de Penthièvre

Mme Sylvain LEVI
9, rue Guy de la Brosse

Mme Gaston PARIS
Collège de France

Mme PERROT
45, rue d'Ulm

Mme RAVENEAU
76, rue d'Assas

Mme RIBOT
6, rue de Tournon

Mlle Mathilde SALOMON
10, rue de Condé

Mme Jules SIEGFRIED
11, rue Saint-Ferdinand

Mme VERT
20, rue Pellepor

COMITÉS ADJOINTS

COMITÉ DU IVᵐᵉ ARRONDISSEMENT

SIÈGE ; 96, Rue de Rivoli

Directrice : Mˡˡᵉ REINHARDT

Mᵐᵉˢ

BLUM, 7, boulevard Beaumarchais.
BEURTON, 28, quai d'Orléans.
DREYFUS JULES, 11, rue Rambuteau.
GOOD, 2, rue du Renard.
LÉVY, 5, rue Mornay.
LÉVY-JUSTIN, 19, rue de la Reynie.
MARX, 6, rue des Hospitalières Saint-Gervais.
SCHLÉSINGER, 12, place des Vosges.

COMITÉ DU Vᵐᵉ ARRONDISSEMENT

SIÈGE : 45, rue d'Ulm.

Directrice : Mᵐᵉ PERROT.

Mᵐᵉˢ

BARBIER, 90, rue Claude-Bernard.
DE BEAUVOIR, 28 bis, avenue de l'Opéra.
BERTHOLD-ZELLER, 2, rue de Fleurus.
BOUTROUX, 5, rond-point Bugeaud.
BOUTY, 9, rue du Val-de-Grâce.
BUREAU. 40, rue d'Ulm.
CACHEUX, 25, quai aux Fleurs.
DAUPHIN, 11 *bis*, avenue de Ségur.
DESCHAMPS, 15, rue Cassette.
DIEHL, 67, rue de Seine.
DIETZ, 3, rue des Mathurins.
DUPUY, École Normale.
FEUILLET, 53, rue Claude-Bernard.
HÉMON, 26, rue Vauquelin.
JAMOT, 11 bis, avenue Ségur.
LARROUMET, à l'Institut.
MASSIGLI, 24, Avenue de l'Observatoire.
ANDRÉ MICHEL, 59, rue Claude Bernard.
EMILE MICHEL, 9, avenue de l'Observatoire.
HENRI POINCARÉ, 63, rue Claude Bernard.
RIBOT, 6, rue de Tournon.
SCHAEFER, 30, rue Gay Lussac.
TANNERY, École Normale
VARON, 13, rue de Poissy.
VIDAL DE LA BLACHE, 6, rue de Seine.

COMITÉ DU VIe ARRONDISSEMENT
SIÈGE : 19, rue Dutot

Directrice : Mme MARIUS POULET

Mmes MARC, 5, rue du Regard.
PICHON-LANDRY, 16, rue Littré.
RAPINE, 11, rue du Montparnasse.
RÉGNARD, 45, rue de Grenelle.

COMITÉ DU VIIme ARRONDISSEMENT
SIÈGE : 20, rue de Tournon

Directrice : Madame DEBRIE

Mlle BAUDOIN D'AULNE, 15, avenue Duquesne.
Mmes BRETEGNIER, 6, rue d'Ouessant.
ROBERTY, 116, rue Saint Dominique.
WEISE, 9, avenue Lamotte-Piquet.

COMITÉ DU IXme ARRONDISSEMENT
SIÈGE : 2, rue de Penthièvre.

Directrice : Mme LAGUIONIE.

Mmes ASCOLI, 11, rue Condorcet.
BERTY, 17, rue Saint-Roch.
BERNHEIM, 2, square de l'Opéra.
BLAD, 49, rue Rochechouart.
BLOCH FÉLIX, 27, rue Chaptal.
BLOCH RICHARD, 103, boulevard Malesherbes.
DELAUNAY, 24, avenue Bugeaud.
FLACH, 37, rue de Berlin.
ISCH WALL, 64, rue Taitbout.
LEVEN, 26, avenue des Champs-Élysées.
Mlle LUVILLE, 35, rue Général-Foy.
Mme MENDEL, 37, boulevard de Strasbourg.

COMITÉ DU XIme ARRONDISSEMENT
SIÈGE : 137, boulevard Voltaire.

Directrice : Mme RAOUL BLOCH.

Mmes BOREL, 129, rue de la Roquette.
CHAUMONT, 5, avenue Richerand.
CREISSEL, 4, place Voltaire.

DELAFOSSE, 7, place Voltaire.
GERSCHEL, 147, boulevard Voltaire.
JEFFORD, 11, rue Camille Desmoulins.
LEFÈVRE, 6, rue Emile Lepeu.
LENOIR, 29, cité Voltaire.
LÉVY, 29, boulevard Voltaire.
MATHÉ, 7, boulevard Voltaire.
MIGOT, 6, rue Sedaine.
DE LA QUESNERIE, 29, boulevard Voltaire.

COMITÉ DU XIIme ARRONDISSEMENT
SIÈGE : 1, rue Montéra

Directrice : Madame PANTZ

Mmes BLOCH, 119, rue de Paris (Saint-Mandé).
CLÉMENT, 26, place de la Nation.
CREMER, 118, boulevard Diderot.
Mlle DEBERNARD, 26, rue des Colonnes-du-Trône.
Mmes DUBOSC, 31, rue du Sergent-Bauchat.
HIRSCHMANN, 2, rue de Lyon.
NOYER, 26, rue Dugommier.
POLGE, 64, avenue Ledru-Rollin.
RICHARD, 179, rue Michel-Bizot.

COMITÉ DU XIIIme ARRONDISSEMENT
SIÈGE : 7, rue Nicole

Directrice : Madame CHAVANNES

Mme AMPHOUX, 2, rue Lecourbe.
Mlle BOHN, 1, rue de Toulouse (Fontenay-aux-Roses).
Mmes BRIÈRE, 242, rue de Tolbiac.
BROCA, 5, rue de l'Université.
CAHEN, 5, rue Guy-de-la-Brosse.
EXPERT BEZANÇON, 181, rue du Château-des-Rentiers.
KELLER, 72 bis, rue Bonaparte.
KUNTZEL, 19, boulevard Carnot (Bourg-la-Reine).
LÉVI SYLVAIN, 9, rue Guy-de-la-Brosse.
MALBOUX, 7, place d'Italie.
MALLET, 44, rue de Tolbiac.
MARCEAU, 5, quai d'Austerlitz.
Mlles MAIGNE, 7, place d'Italie.
LÉONIE MAUDUIT, 10, rue Garancière.
CÉCILE MAUDUIT, 10, rue Garancière.
Mmes OSCAR ANDRÉ, 54, avenue de Neuilly (Neuilly s/Seine).
PELISSIER, 75, rue de l'Assomption.
PHILIPP DE BARJEAU, 117, rue Notre-Dame-des-Champs.
REVON, 5 bis, Place du Panthéon.
SIMONNET, 8, rue Nicole.

COMITÉ DU XIVme ARRONDISSEMENT

SIÈGE : 76, rue d'Assas.

Directrice : Mme RAVENEAU.

Mlle BELLEAU, 219, boulevard Raspail.
Mme BLOCH, 72, rue d'Alésia.
Mlles CARTERET, 23, rue Guilleminot.
CHAPTAL, 19, avenue Victor-Hugo.
Mme DREYFUS-HINSTIN, 40, rue du Bac.
Mlle FLICHE, 123, rue de Lille.
Mme FOCHIER, 110, rue Denfert-Rochereau.
Mlle HELBIG, 40, rue du Luxembourg.
Mmes LÉON, 30, rue Gay-Lussac.
MOUCHOT, 123, boulevard Montparnasse.
Mlle NAY DE MEZENCE, 4, faubourg du Roule.
Mme DE SAINT-MAURICE, 19, villa Scheffer.
Mlle SCHWEISGUTTE, 30, rue du Luxembourg.
Mme PHILIPPE THIRION, 72, rue d'Alésia.

COMITÉ DU XVIme ARRONDISSEMENT

SIÈGE : 96, avenue Henri-Martin.

Directrice : Mme ADOLPHE GOMPEL.

Mmes BALCAM, 10, square du Croisic.
COULON, 116, rue de la Faisanderie.
DALSÉME Antonin, 4, rue de Marignan.
DANINOS, 17, avenue Victor-Hugo
DEMONGEOT, 122, avenue Victor-Hugo.
GOTENDORF, 3, rue Copernic.
HEROLD, 20, rue Greuze.
IKLÉ, 181, avenue Victor-Hugo.
JAMMET, 301, rue de Vaugirard.
MARCHOT, 17, place du Commerce.
ODIER G., 39, rue de l'Université.
PETIT Edouard, 36, boulevard Flandrin.
RITSCHER, 81, avenue Malakoff.
TCHÉRAKIAN, 28, rue Vital.
VISSIÈRE, 44, rue du Ranelagh.

COMITÉ DU XVIIme ARRONDISSEMENT

SIÈGE : 41, rue Saint-Ferdinand.

Directrice : Mme JULES SIEGFRIED FILS.

Mmes BAILLET, 92, rue Laugier.
BRUNETON, 36, rue Juliette Lambert.
BRUNSCHWIG, 12, villa Dupont.

Mlle FORESTIER, 46, rue du Four.
Mme GUEBIN, 235, boulevard Pereire.
Mlle HARTMANN, 42, avenue de Villiers.
Mmes JACOBSON, 20, villa Dupont.
LERCH, 17, rue de Lisbonne.
LEMERLE, 32, rue Eugène Flachat.
DE LEUTHONNYE, 17, rue Darcet,
LONGEOTE, 50, rue Bayen.
KASTOR, 2, square du Roule.
Mlle RUAULT, 70, rue des Batignolles.
Mme SPIELMANN, 12, rue Guersant.
Mlle WEYER, 13, rue des Saussaies.

COMITÉ DU XVIIIme ARRONDISSEMENT

SIÈGE : 22, place Malesherbes.

Directrice : Mme GUSTAVE ROY.

Mmes Baronne DE BLONAY, 49, rue La Rochefoucauld.
DAULNOYRS, 93, rue Saint-Lazare.
FAURE JACQUES, 94, boulevard Flandrin.
HARTMANN ALBERT, 1, rue Legendre.
Mlle MOURNAND, Les Rosiers. Saint-Ouen.
Mlles DE NEUFLIZE, 15, place Malesherbes.
DE NORDLING, 3, avenue d'Antin.
Mmes Charles PASTEUR, 65, rue d'Anjou.
ROY FERDINAND, 24, Place Malesherbes.
FERDINAND DE SALEMFELS, 131, avenue Wagram.
WEISGERBER, 14, rue Milton.

COMITÉ DU XIXme ARRONDISSEMENT

SIÈGE : 195, Boulevard Saint-Germain

Directrice : Mme DEPRET-BIXIO

Mme BERTIN, 56, rue de Londres.
M. DITFIRMES, 33, avenue de Saint-Ouen.
Mme DUBAIL, 87, boulevard Saint-Michel.
MM. FIRMIN-DIDOT, 56, rue des Saints-Pères.
FLICHE, 1, rue de l'Université.
Mme FOREST, 9, rue de Grenelle.
M. GOUPY GEORGES, 151, rue de Rennes.
Mmes GOUPY, 151, rue de Rennes,
MOREAU, 46, rue de Grenelle.
SALEILLES, 14, rue Saint-Guillaume.
M. WAËL, 76, boulevard Magenta.

COMITÉ DU XXme ARRONDISSEMENT

SIÈGE : 20, rue Pelleport.

Directrice : Mme AUGUSTE VERT.

Mmes DAUMAS, 66, rue de Bagnolet.
ERTZBISCHOFF, 31, rue d'Avron.
FRITSCH, 93, rue de la Folie-Méricourt.
KARCHER, 105, rue de Bagnolet,
LÉVY, 45, rue des Haies.
PAREILLE, 10, Place Gambetta.

www.ingramcontent.com/pod-product-compliance
Lightning Source LLC
LaVergne TN
LVHW012105030726
842523LV00002B/736